D1663461

Der Autor

John Yeoman wurde 1934 in London geboren. Er lehrte
Englisch in Cambridge und Pädagogik an der Universität
London und war lange Zeit Fachbereichsleiter für Englisch
am Französischen Gymnasium in South Kensington.
Sein erstes Kinderbuch veröffentlichte er 1960, und es war
auch der Beginn der Zusammenarbeit mit Quentin Blake.
Seit er die Lehrtätigkeit aufgegeben hat und als freier
Schriftsteller in Sussex und Südfrankreich lebt, hat er mehr
Zeit zum Schreiben. Viele Kinderbücher und Gedichte
erschienen – von Quentin Blake und anderen Künstlern
illustriert.

Der Illustrator

Quentin Blake, Jahrgang 1932, studierte in Cambridge und
arbeitete zunächst als Französischlehrer. Später besuchte er
die Chelsea School of Arts und ist seit 1957 freier Illu-
strator. Er hat Bücher von Roald Dahl, Joan Aiken, John
Yeoman und vielen anderen illustriert und Bilderbücher
gemalt und die Texte dafür geschrieben.

Die Übersetzerin

Sybil Gräfin Schönfeldt lebt als Autorin, Übersetzerin,
Herausgeberin und Kritikerin in Hamburg. Sie hat zahl-
reiche Bücher geschrieben, Anthologien herausgegeben und
durch ihre Übersetzungen wichtige Bücher aus England und
Amerika in Deutschland bekannt gemacht. In Buchhandels-
und Bibliotheksveranstaltungen stellt sie regelmäßig Neuer-
scheinungen vor und gibt Empfehlungslisten heraus.

John Yeoman · Quentin Blake
Hühnerglück

Hühnerglück

Eine Geschichte von
JOHN YEOMAN

Mit Bildern von
QUENTIN BLAKE

Deutsch von
SYBIL GRÄFIN SCHÖNFELDT

Erika Klopp Verlag

Die Deutsche Bibliothek – CIP-Einheitsaufnahme
Hühnerglück : eine Geschichte / von John Yeoman.
Mit Bildern von Quentin Blake
[Aus dem Engl. von Sybil Gräfin Schönfeldt]
München : Klopp, 1995
ISBN 3-7817-2375-5

Deutsche Ausgabe © 1995 Erika Klopp Verlag GmbH, München
Alle Rechte vorbehalten
Titel der Originalausgabe »Featherbrains«
Hamish Hamilton Ltd, London 1993
© Text 1993 John Yeoman
© Illustration 1993 Quentin Blake
Aus dem Englischen von Sybil Gräfin Schönfeldt
Einbandillustration: Quentin Blake
Satz: Filmsatz Schröter, München
Druck und Bindung: Ebner Ulm
Printed in Germany
Auflagenkennzeichnung (letzte Ziffern maßgebend):
Auflage: 5   4   3   2   1
Jahr: 1999   98   97   96   95

Eins

Flatter und Fläumchen wohnten auf dem »Hof der glücklichen Hühner«. Dieser Name stand wenigstens auf den Eierkartons, aber in Wirklichkeit handelte es sich nur um einen sehr langgestreckten Schuppen mit einem Gang in der Mitte und mit Hühnerkäfigen, zu beiden Seiten hoch aufeinandergestapelt bis zur Decke.

Flatter und Fläumchen waren Schwestern und teilten sich ihren Käfig mit zwei anderen Hennen namens Agathe und Margarete. Dieser Käfig lag direkt neben dem Tor, unterste Reihe, gleich rechts.

Der ganze Schuppen war voll von Hühnern, ungefähr zweitausend. Aber sie hielten meistens den Schnabel. Wenn man nie rauskommt und auch drinnen nichts zu tun hat, gibt's nicht viel zu kakeln.

Dieser Donnerstag begann wie alle anderen Tage. Als sich die Lampen morgens früh um sieben automatisch einschalteten – es gab nämlich im ganzen Schuppen keine Fenster –, zogen

10

die Hennen den Kopf unter dem Flügel hervor und blinzelten matt in das Licht.

»Hast du gut geschlafen?« fragte Flatter.

»Ja, danke sehr«, antwortete Fläumchen. »Ich hatte einen wunderschönen Traum.«

»Nett nett«, sagte Flatter. »Was hast du denn geträumt?«

»Ich träumte, ich wäre in einem Käfig in einem langen, langen Schuppen. Und dann bin ich aufgewacht.«

Flatter riß die Augen auf. Sie träumte nie. Fläumchen war die mit der blühenden Phantasie. »Was du für ein Glück hast!« sagte sie.

»O guck, guck!« sagte Fläumchen. »Frühstück.«

Das sagte sie jeden Tag im gleichen Moment, denn stets zur gleichen Zeit setzte sich die Maschine in Gang. Zuerst fing sie an zu summen, dann klapperte sie ein paarmal, und dann passierte etwas sehr viel Aufregenderes: Das

Band, das unten in der Metallrinne an allen Käfigen vorbeilief, begann sich zu bewegen.

Nach einer Weile kam das Hühnerfutter vorbei, und die vier Hennen konnten danach picken, wenn sie sich eng an den Maschendraht preßten und sich abwechselnd aufeinander stellten.

»Genau wie gestern«, sagte Fläumchen zwischen zwei Schnäbeln voll.

12

»Nett nett«, entgegnete Flatter. »War gestern lecker. Hat mir gestern richtig gut geschmeckt.«

Das sagten sie jeden Tag. Agathe und Margarete gaben jedoch keinen Ton von sich, sie waren zu sehr ins Picken vertieft. Sie hatten fast nie Zeit zum Gackern. Sie waren zu sehr mit dem Fressen beschäftigt. Und mit dem Schlafen. Oder einfach damit, ins Leere zu starren.

Zwei

So betrachtet, unterschied sich dieser Donnerstag von keinem anderen Tage. Bis zu dem Augenblick, in dem sich ein kleiner, dunkel glänzender Kopf durch die Ritze zwischen den beiden Torflügeln schob, die nicht ordentlich schlossen. Er gehörte einer Dohle. Der Vogel schaute sich neugierig um und beschloß dann, ganz und gar hineinzuschlüpfen.

Dohlen sind neugierige Vögel; wollen überall ihren Schnabel reinstecken. Und was das Schlimmste ist: Sie klauen wie die Raben. Wenn sich Menschen Dinge aneignen, die ihnen nicht gehören, so nennen wir sie Langfinger. Nun: Dohlen sind Langschnäbel. Sehr freundlich, aber sehr langschnäblig.

Der Dohlenvogel schaute sich flink um, hüpfte den ganzen Gang entlang, stellte fest, daß es nichts zu stibitzen gab, und hüpfte den Gang wieder zurück. Dabei krächzte er halb erstickt vor Ekel: »Puuh« und schickte sich an zu verschwinden.

»Guck dir das arme Küken an«, sagte Flatter.

»Rab rab«, sagte der Dohlenvogel verblüfft.

»Guten Morgen, Rabrab«, sagte Flatter. »Du siehst ja schrecklich mager aus. Sieht er nicht mager aus, Fläumchen?«

»Und ob«, antwortete Fläumchen.

»Du solltest besser auf dich achten, Rabrab. Hast du überhaupt gefrühstückt? Also, ich wette, Flatter, daß er nicht einmal gefrühstückt hat.«

»Ich wette, du hast noch nie in deinem Leben gefrühstückt, so wie du ausschaust, Rabrab«, sagte Flatter. »Los, komm, pick bei uns mit rein. Wird dir gut tun.«

»Wird ein bißchen Fleisch auf deine Knochen bringen«, sagte Fläumchen.

Der Dohlenvogel war von ihrer Fürsorge ganz gerührt und beugte sich über die Futterrinne. Als er jedoch sah und roch, was da auf dem Laufband vorbeikam, mußte er schnell den Flügel über den Schnabel schlagen.

»Besten Dank jedenfalls…« würgte
er hervor. »Aber als ich zu euch herein-
schaute, war ich gerade dabei, mir was
zum Frühstück zu suchen. Entschuldigt
mich bitte, ich muß wieder los.«

»Was zum Frühstück suchen?« fragte
Flatter verwirrt.

Als sich der Vogel jedoch zum Gehen
wandte, sah er am Rande des Käfigs
einen blanken Metallknauf glänzen.

Dohlen können nun einmal nichts
Blankem und Glänzendem widerstehen.
Rabrab fand, er könne es sich nehmen,
da die Hennen das Ding eh nicht
brauchten.

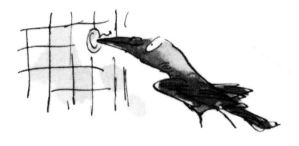

Mit einer kräftigen Kopfbewegung
hieb er dagegen, aber zu seiner Ver-
blüffung ging der Knauf nicht ab.

19

Er versuchte es wieder und wieder, und plötzlich sprang das Metallding mit einem Klicken hoch, wodurch die Käfigtür aufschwang.

Im höchsten Schrecken preßten sich Agathe und Margarete dicht an die Rückwand des Käfigs. Flatter und Fläumchen standen starr vor Staunen.

Da hatte Rabrab eine Idee. »Wo ich die Käfigtür schon einmal aufgeklinkt habe – wollen die Damen nicht vielleicht draußen mit mir frühstücken?«

»Draußen von was?« fragte Fläumchen, die völlig die Übersicht verloren
hatte.

»Glaubst du, daß hinter dem Tor da
noch ein zweiter Schuppen ist?« fragte
Flatter.

Rabrab wußte gar nicht, wie er das
erklären sollte. »Warum schaut ihr euch
das nicht selbst an?« fragte er. »Wenn
ihr nichts findet, was euch schmeckt,
könnt ihr ja immer noch hierher
zurück.«

Drei

Als sie draußen im hellen Tageslicht
standen, blieben die beiden Schwestern
still wie die Salzsäulen stehen und
drängten sich schutzsuchend aneinander.

»Hier draußen ist es sehr kalt«, sagte
Fläumchen. »Vielleicht sollten wir
wieder rein. Wir wollen uns doch nicht
erkälten.«

»Kalt ist es nicht«, versuchte Rabrab sie aufzumuntern. »Das kommt euch nur so vor, weil es in eurem Schuppen so überheizt ist. Wenn die Sonne aufgeht, wird es noch wärmer.«

Das hatte für Fläumchen weder Sinn noch Verstand, weil im Schuppen immer die gleiche hohe Temperatur herrschte. Sie wartete, bis sich Rabrab etwas entfernte, dann flüsterte sie Flatter ins Ohr: »Der kommt mir ein bißchen einfältig vor, aber nett, wie er uns helfen will.«

»Los los, laßt uns was zum Frühstück suchen!« rief Rabrab über die Schulter zurück, während er hierhin und dorthin hüpfte.

Die Hennen trippelten zimperlich zwischen den gewaltigen Lastern herum, die auf einem breiten Asphaltstreifen parkten, der sich ganz um den Schuppen herumzog.

»Mal ein bißchen Beeilung«, rief Rabrab. »Sonst sieht euch noch wer!«

»Wie sollen wir uns denn beeilen?«
fragte Flatter. »Hier gibt's ja gar kein
Gitter zum Festhalten!«

Beide Hennen waren so daran
gewöhnt, sich in die Drahtmaschen des
Käfigs zu krallen, daß ihnen der feste
Boden unheimlich war.

»Ihr braucht euch nicht festzu-
krallen«, antwortete der Vogel geduldig.
»Das ist ja das Gute am Boden: Man
kann nicht runterfallen.«

»Das gilt vielleicht für dich«, sagte
Fläumchen. »Du hast eben keine
Ahnung von Flatters Füßen.«

»Keiner kann sich vorstellen, was ich
für Schmerzen in den Krallen habe«,
bestätigte Flatter und schüttelte trüb-
selig den Kamm.

»Ich sag ja seit Ewigkeiten: Laß sie dir
doch endlich mal untersuchen!« sagte
Fläumchen.

»Vielleicht tut es dir gut, wenn du sie
zum Kühlen in die Pfütze da drüben
steckst«, schlug Rabrab vor.

»Also, das ist ja höchst merkwürdig, Fläumchen«, sagte Flatter und stelzte mißtrauisch zu der Pfütze hinüber. »Ein Trog mit Wasser ohne eine umgedrehte Flasche drüber.«

»Wahrscheinlich ein altmodisches Modell mit Nachfüllung von Hand«, sagte Fläumchen. Sie fand immer für alles eine schlaue Erklärung.

Die Schwestern planschten eine Weile im Wasser herum und spürten, daß es ihren geschwollenen Krallen wirklich wohltat. Vielleicht war Rabrab doch nicht so dumm, dachten sie bei sich.

Vier

»Bitte Beeilung«, drängte der Dohlenvogel und hüpfte auf und ab. »Hier
müssen bald die Fernfahrer auftauchen.
Ich will euch bloß noch über den Fahrdamm lotsen, drüben zeig ich euch dann
ein anständiges Frühstück.«

»Warum soll ein Huhn denn über den
Fahrdamm?« fragte Flatter.

»Ich geb's auf!« sagte Rabrab.

Vielleicht ist er doch ein bißchen einfältig, dachte Fläumchen.

»Wir haben hier ziemlich viel Verkehr«, erklärte Rabrab. »Ich finde wirklich, wir sollten zu dem Brachland da drüben lieber fliegen.«

»Fliegen!« kreischte Fläumchen. »Kommt gar nicht in Frage! Da knall ich erstens immer mit dem Schädel an die Decke...«

»… und zweitens wissen wir gar
nicht, wie das geht«, ergänzte Flatter.

»Habt ihr denn gar nicht geübt?«
fragte der Dohlenvogel verblüfft.

»Aber klar«, antwortete Flatter,
»jeden Tag. Wenn man sich ganz fest in
eine Ecke drückt, dann kann man
manchmal einen Flügel spannen.«

30

»Oder ein Bein ausstrecken«, ergänzte Fläumchen. »Zeig's ihm doch mal, Flatter!«

Sie drängelten sich dicht aneinander und drehten sich herum, um Rabrab zu zeigen, wie sie ihre Flugübungen vollführten.

»Aber habt ihr denn nie alle beide Flügel auf einmal ausspannen und dann auf und ab schlagen können?« fragte Rabrab. »Ich meine: Hat euch eure Mutter nicht gezeigt, wie man fliegt?«

Flatter und Fläumchen gackerten vor Lachen.

»O Rabrab, sei doch nicht albern! Wie denn wohl? Unsere Mutter war eine dicke elektrische Birne mit einem großen Hut aus Blech.«

»Und sie hätte auch gar keine Zeit für uns gehabt«, ergänzte Flatter. »Wir waren vierhundert Geschwister, weißt du?«

»Ihr habt gewonnen. Wir gehen zu Fuß«, sagte Rabrab.

Damit marschierte er nach Art der Dohlen stur und selbstbewußt los und flitzte zwischen den Autos und Motorrädern hindurch.

Die beiden Hennen, von viel nervö-
serer Natur, trippelten ängstlich zur
Fahrbahn, zögerten, drehten sich wieder
um, rannten im Kreis, hockten sich hin,
um nachzudenken, und schossen endlich
unter dem Geheul der Hupen und dem
Kreischen der Bremsen quer über die
Fahrbahn.

Drüben huschten sie unter die Hecke, wo sie Rabrab mit fest zusammengekniffenen Augen erwartete.

Fläumchen wartete, bis sie wieder zu Atem kam, und sagte dann: »Das ging viel leichter, als ich dachte.«

Fünf

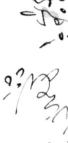

Nachdem sich die Schwestern etwas erholt hatten, führte sie Rabrab unter der Hecke heraus und auf ein Stück Brachland.

»Hier findet ihr bestimmt genug zu essen«, verkündete er.

Flatter schaute sich zweifelnd um. »Das glaub ich aber nicht«, erwiderte sie.

»Wo denn, Rabrab?« jammerte
Fläumchen. »Hier gibt's ja nirgendwo
Laufbänder mit Futter. Nur Dreck und
Gras und Büsche.«

Da wurde dem Dohlenvogel klar, daß
er ganz von vorne anfangen mußte.

»Und da genau findest du die besten
Leckerbissen zum Essen«, sagte er.
»Würmer und dergleichen.« Er pickte

einen kleinen Wurm auf und hielt ihn im Schnabel hoch, um ihn vorzuweisen.

»Das nennst du Futter?« fragte Flatter.

»Das nennen alle Hühner Futter«, antwortete Rabrab.

Fläumchen fühlte Mut in sich aufflackern, freilich nur schwach.

»Ich eß das, aber nur nach dir, Rabrab«, sagte sie.

Mit einem Schnabelruck ließ er sich den Wurm in die Gurgel fallen, schloß kurz die Augen und zeigte ein seliges Lächeln.

»Lecker!« sagte er.

»Mehr sind da aber nicht«, sagte Fläumchen, halb enttäuscht und halb erleichtert.

»Und ob!« widersprach Rabrab. »Unter der Oberfläche. Ihr müßt danach scharren. Darin sind Hühner erste Klasse. Dohlen sind da längst nicht so gut.«

»Sei nicht traurig, Rabrab«, sagte

Flatter. »Wenn du so groß wärst wie wir, würd's dir auch leichterfallen.«

Fläumchen scharrte bereits emsig vor sich hin. Rabrab hatte recht, es fiel ihr ganz leicht – und aus irgendeinem Grunde fand sie es auch aufregend.

»Guck guck, guck dir Fläumchen an«, rief Flatter. »Sie tanzt!«

Im Nu hatte Fläumchen einen Haufen Würmer beisammen. Und dann nahmen die beiden Hennen ihren ganzen Mut zusammen, und jede pickte sich einen klitzekleinen Wurm heraus und verschlang ihn.

Dann entstand eine Pause, weil sie
darüber nachdenken mußten.

»Nett nett«, sagte Fläumchen schließlich. »Schmecken viel netter als Futter.«

»Stimmt, Fläumchen«, antwortete
Flatter. »Aber sie können uns nicht
bekömmlich sein, oder? Ich meine, sie
kommen aus der schmutzigen Erde, und
sie haben sicher keine besonderen
Zusätze.«

»Zusätze?« fragte Rabrab.

»O ja«, antwortete Fläumchen. »Unser Hühnerfutter hat immer Zusätze, damit wir gesund und kräftig werden...«

»Wie zum Beispiel kleingehackte Schnäbel...«, warf Flatter ein, »und durchgedrehte Federn...«

»...und Medikamente!« sagte Flatter stolz.

»Warum denn Medikamente?« fragte Rabrab.

»Damit wir uns nicht unwohl fühlen«, erklärte Fläumchen.

»Willst du damit sagen, daß sich in diesem Schuppen keiner unwohl fühlt?« fragte Rabrab.

»O doch doch doch, alle naselang ist jemand krank«, erwiderte Flatter.

»Aber wenn sie nicht jeden Tag ihre Medizin bekämen, dann ging's ihnen, glaub ich, noch viel schlechter«, sagte Fläumchen.

»Trotzdem: Diese Würmer sind zu lecker, ich schnabulier noch ein bißchen davon. Es ist ja immer nur ein kleiner Happen.«

»Das stimmt, Fläumchen«, sagte Flatter und fing an, in den Resten herumzustochern. »Kleiner leckerer Happenpappen schadet uns gar nicht, ehe wir wieder nach Hause gehen.«

Der Dohlenvogel seufzte und rollte die Augen gen Himmel. Die waren wirklich nicht zu retten.

Sechs

Nachdem die drei eine Zeitlang gefuttert hatten, hörten sie ein Rascheln im Gebüsch.

Plötzlich tauchte ein Kaninchen auf. »Tut mir leid«, sagte es, »wollte euch nicht stören. Tschuldigung. Bin ganz atemlos. Bin die ganze Zeit gerannt.«

»Guten Morgen«, sagte Flatter.

»Guten Morgen«, sagte Fläumchen.

»Ich muß schon sagen, deine Federn gefallen mir. Sie sind richtig nett.«

Das Karnickel starrte den Dohlenvogel an. Der Dohlenvogel zwinkerte ihm heimlich zu.

»Sehr freundlich, wirklich. Kann aber leider nicht bleiben. Muß hier weg. Ihr auch. Fuchs in der Nähe. Hör seinen Magen knurren.«

Damit drehte sich das Kaninchen auf der Stelle um und flitzte in eins seiner Löcher.

»Nett nett, und schlau!« sagte Flatter und fing wieder an zu scharren.

»Kommt lieber«, sagte Rabrab. »Habt ihr denn nicht gehört, was er vom Fuchs hier in der Nähe gesagt hat?«

»Oh, Rabrab«, sagte Fläumchen und stieß mit dem Schnabel gegen einen fetten Käfer, »darüber mußt du dir doch keine Sorgen machen! Hier ist genug Futter für jeden, egal, wie ihm der Magen knurrt.«

»Er ist aber nicht auf Käfer scharf!«
kreischte Rabrab. »Er ist ganz wild auf
Hühner, und er kommt genau hierher.
Fliegt lieber weg!«

»Ich hab's dir doch schon mal erklärt,
Rabrab«, sagte Flatter mit würmer-
vollem Schnabel, »ich bin in meinem
ganzen Leben noch nicht geflogen, und
ich hab auch nicht die Absicht...«
In diesem Augenblick tauchte
zwischen den Grashalmen ein wildes
Gesicht mit spitzen Ohren, langem
Schnurrbart und funkelnden Augen auf.
Das war der Fuchs. Als Flatter ihn sah,
stieß sie ein Gegacker aus, das alle Vögel
aus den Bäumen fallen ließ. Und ohne
daß sie wußten wie, fanden sich die

46

Schwestern in der Luft, schlugen wie
verrückt mit den Flügeln und flatterten
im Kreise herum.

»Zurück zum Schuppen, Flatter!«
keuchte Fläumchen. »Von dieser Welt
da draußen haben wir fürs ganze Leben
genug gesehen.«

»Ich weiß aber den Weg nicht, Fläumchen«, gackste Flatter und schwankte
unter ihren verzweifelten Flügelschlägen
in den Lüften auf und ab.

»Mir nach, meine Damen!« schrie
Rabrab, der mühelos vor ihnen herab-
schoß und dann über die Fahrbahn flog.

»Huch, ich werde ganz schwindlig, Rabrab«, keuchte Flatter. »Und die Erde, die Erde dreht sich unter mir.«

»Mach einfach die Augen zu und flieg weiter«, riet Fläumchen. Sie behielt in allen Gefahren stets einen kühlen Kopf.

So taumelten dann die Schwestern mit fest zusammengekniffenen Augen und hektischen Flügelschlägen ungefähr in die Richtung, die der Dohlenvogel eingeschlagen hatte.

Sieben

Zu erschöpft, um auch nur noch einen
Flügel zu regen, plumpsten sie in einem
Federknäuel auf den Bahnsteig der länd-
lichen Eisenbahn. Sie hatten sich nicht
verletzt. Hühner scheinen sich niemals
zu verletzen, wenn sie aus der Luft
stürzen, weil sie fast immer auf ihren
Füßen oder auf dem Kopf landen.

Fläumchen rüttelte und schüttelte
sich wieder zurecht und plusterte das
Gefieder auf, um ihre Nerven zu be-
ruhigen.

»Das ist aber, glaub ich, nicht unser
Schuppen, Fläumchen«, stellte Flatter
fest.

»Vielleicht hat Rabrab doch kein
so gutes Gefühl für die Himmelsrich-
tungen«, sagte Fläumchen. »Wir sollten
nach ihm Ausschau halten, vielleicht
hat er sich verflogen.«

In diesem Moment erblickte Flatter einen riesengroßen Korb, der auf dem Bahnsteig stand und aus dem Vogelstimmen drangen. Es war ein Reisekorb voller Brieftauben, die darauf warteten, verladen zu werden.

Flatter hüpfte auf den Deckel und spähte durch eins der Luftlöcher. »Nett nett, dieser Käfig, Fläumchen«, sagte sie traurig. »So warm und so gemütlich, und gar keine Füchse.«

»Ich glaub, ich krieg Heimweh«, sagte Fläumchen. »Laß uns doch nach Rabrab suchen.«

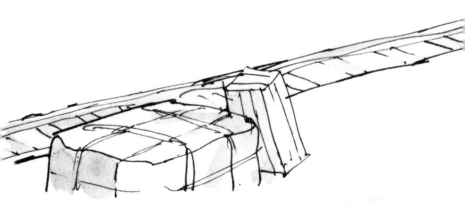

Flatter hüpfte hinunter. »Aber diesmal geh ich zu Fuß«, verkündete sie. »Für heute bin ich genug geflogen.«

Sie entdeckten den Ausgang. Weil in nächster Zeit kein Zug durchfahren würde, war der Fahrkartenschalter nicht besetzt, und keiner hielt sie auf.

Der Bahnhofsplatz lag ebenfalls verlassen, bis auf ein geparktes Motorrad. An einer Seite des Lenkers hing ein gelber Sturzhelm und auf der anderen saß der Dohlenvogel.

»Oh, da bist du ja, Rabrab«, sagte Fläumchen. »Weißt du, wir sollten jetzt wirklich zurück. Sie werden sich schon Sorgen um uns machen.«

»Möchte wissen, was jetzt die anderen Hennen machen, Rabrab«, sagte Flatter nachdenklich.

»Nicht viel«, antwortete Rabrab. »Also hört mal, ich weiß ja, es ist euer Zuhause und so, aber ihr müßt wirklich nicht zurück. Würdet ihr nicht lieber . . .«

Er kam nicht dazu, den Satz zu beenden, weil Fläumchen eine Idee hatte.

»Ich glaube, ich möchte gern ein Ei legen, Flatterchen«, sagte sie.

»O Fläumchen, das kannst du doch nicht!« gackerte Flatter. »Hier gibt es gar keine Rutsche, wo es runterrollen kann, und kein Laufband, auf dem es abtransportiert wird. Das wär alles ganz falsch. Es wäre ja – es wäre ja nicht natürlich!«

»Das ist mir schnuppe«, sagte Fläumchen, fast mit Aufruhr in der Stimme. »Man ist nur einmal jung. Leben und leben lassen! Und schließlich – danach gehen wir ja gleich heim.«

So hüpften die beiden in den Sturzhelm und legten dort ihre Eier.

»Ich will dir was sagen, Rabrab«,
verkündete Fläumchen, während sie auf
den Boden hüpfte, »das war, glaub ich,
das befriedigendste Ei, das ich je gelegt
habe.«

»Meins auch«, sagte Flatter. »Hat
mir richtig Spaß gemacht.«

»Und trotzdem wollt ihr heim?«
fragte der Dohlenvogel.

»Natürlich«, antwortete Flatter.
»Wir müssen ja.«

»Aber vielleicht erst, nachdem wir
uns ein bißchen ausgeruht haben«,
sagte Fläumchen. »Das war ein sehr
anstrengender Vormittag.«

»Hier könnt ihr euch nicht aus-
ruhen«, sagte Rabrab. »Es könnte
euch jemand sehen.«

»Trotzdem, Rabrab. Fläumchen hat
recht«, sagte Flatter. »Wir müssen erst
Kräfte sammeln, der Rückweg ist wahrscheinlich lang.«

»Das da sieht wie ein netter Platz für ein Nickerchen aus«, sagte Fläumchen und deutete auf einen kleinen Laster, der ein Stück entfernt am Rande der Fahrbahn parkte. »Er ist hinten aufgeklappt, wir können also ganz leicht rein.«

»Sieht nett aus, nett nett und dunkel und ohne Luft«, sagte Flatter zufrieden.

Der Dohlenvogel seufzte, zuckte die Schultern und flog zum Dach des Verwaltungsgebäudes empor, wo er auf die Schwestern warten wollte.

Lange mußte er nicht warten. Fast unverzüglich ertönte ein ohrenbetäubendes Kläffen, dem der Anblick von Flatter und Fläumchen folgte, die dem schnappenden Kiefer eines Wachhundes mit Höchstgeschwindigkeit zu entkommen suchten.

Acht

»Mir nach!« rief Rabrab und schraubte sich in die Höhe. »Ich führ euch geradewegs nach Hause. Im Nu seid ihr da.«

Er hatte jedoch nicht mit der mangelnden Flugerfahrung der Hennen gerechnet. Sie kamen nur sehr holperig voran, denn sie hatten die Augen fest zugekniffen und vergaßen immer wieder, mit beiden Flügeln gleichzeitig zu flattern.

Er mußte dauernd umdrehen und zu ihnen zurückfliegen. Einmal mußte er sie auf dem Sportplatz einer Schule aus den Maschen eines Fußballtors befreien.

Ein andermal mußte er sie dazu bringen, wieder aus dem Einkaufswagen zu klettern, der vor einer Markthalle stand.

Noch ein anderes Mal mußte er sie von einer Wetterfahne in einem Garten herunterlotsen.

»Hoffentlich ist es nicht mehr weit«, keuchte Flatter, »mir dreht sich alles!«

Der Dohlenvogel wartete geduldig,
bis sie wieder zu sich gekommen waren.

Danach schaffte er es nach allem
möglichen Herumgekurve, ihnen einen
endgültigen Schubs in die rechte Richtung zu geben, so daß sie mitten auf dem
Fuhrpark des »Hofs der glücklichen
Hühner« eine Bauchlandung machten.

63

»So«, schnaufte Fläumchen, während sie versuchte, sich ein paar ihrer losen Federn wieder festzustecken, »es ist alles gar nicht so einfach, wie es aussieht.«

»Ach, komm und bring uns bis zur Tür, Rabrab«, sagte Flatter niedergeschlagen. »Und dann wollen wir uns bei dir bedanken und auf Wiedersehen sagen.«

Auf Flatter und Fläumchen wartete jedoch ein großer Schrecken. Als sie nämlich das große Tor erreicht hatten, merkten sie, daß die Ritze zugenagelt worden war. Jemand hatte wohl entdeckt, daß sie fehlten, und diese Reparatur angeordnet.

Sie konnten nie wieder nach Hause.

Neun

Die beiden Schwestern vermochten das gar nicht zu glauben.

»Was sollen wir bloß machen, Fläumchen?« fragte Flatter.

»Weiß ich doch nicht«, jammerte Fläumchen. »Das ist der Weltuntergang.«

»Nun mal nicht so aufgeregt, meine Damen«, sagte Rabrab. »Vielleicht ist es sogar das beste so. Jetzt wird nicht mehr gefackelt, ihr müßt mir einfach gestatten, daß ich euch ein schnuckeliges kleines Plätzchen zeige.«

Die Hühner schauten einander voller Zweifel an, aber es blieb ihnen nichts weiter übrig, als auf seinen Plan einzugehen. In einer knappen halben Stunde hatten sie den Zehnminutenflug zu dem Ort geschafft, den Rabrab erwähnt hatte. Und sie mußten zugeben, daß er verlockend war: eine kleine Lichtung mitten im Eichenwald.

»Und seht mal hier: Es gibt sogar einen Fluß mit frischem Wasser«, sagte Rabrab, hüpfte zu einem Stein hinüber und tunkte den Schnabel in das funkelnde Wasser.

»Und sehr nette Blümchen im Rasen«,
sagte Flatter, die nicht undankbar
erscheinen wollte.

»Und da drüben so schön viel Sand
für ein Staubbad«, ergänzte Fläumchen
und begann, die Gegend zu erkunden.

»Und unter diesen Kieselsteinen da
lauter saftige Insekten«, sagte Flatter
und begann überall zu scharren.

»Weißt du was«, sagte Fläumchen
nach einer Weile, »wenn wir schon das
einzig Wahre nicht haben können, so ist
dies hier gar nicht so schlecht. Vielen
Dank, Rabrab.«

Und als die Nacht kam, kuschelten
sich Flatter und Fläumchen hoch oben
in einem Weißdornbusch dicht aneinander und ließen sich von den Krähen
in den hohen Bäumen in den Schlaf
krächzen.

Als dann ein Tag dem anderen folgte,
begannen sie immer neue Freuden zu
entdecken: Blumen mit verschieden-
farbigen Blüten, Regenschauer, die sie

erfrischten, und ihr Freund, das Kaninchen, richtete sich mit seiner Familie unter dem Weißdorn häuslich ein.

Der Dohlenvogel behielt sie außerdem im Auge. Er schaute genaugenommen jeden Tag nach ihnen. Und er stellte zu seinem Entzücken fest, daß sie allmählich immer weniger von dem Schuppen sprachen und sich ganz und gar ihrem neuen Leben zuwandten.

Zehn

Als er eines Morgens eintraf, und es war zufällig wieder ein Donnerstagmorgen, da traf er die beiden Hennen friedlich und gemütlich in ihrem Staubbad.

»Hallo, Rabrab«, sagte Flatter. »Nett, dich zu sehen.«

»Habt ihr beide gut geschlafen?«
fragte Rabrab.

»Danke schön, ja«, antwortete
Fläumchen. »Ich hatte einen wunderschönen Traum.«

»Oh, erzähl ihn uns doch!« rief
Flatter.

»Also, ich träumte, ich wäre auf einer Lichtung in einem Wald. Und nebenan plätscherte ein netter kleiner Fluß. Und dann bin ich aufgewacht.«

»Was für ein Zufall«, sagte Flatter. »Vorige Nacht hab ich zum allererstenmal in meinem Leben geträumt – und genau dasselbe wie du.«

»Nett nett«, sagte Rabrab und lächelte.

Für Leseanfänger

Heather Eyles
Der hungrige Hubert
Hubert gewinnt einen Preis

Wenn Meerschweinchen Hubert Mais oder Möhren riecht, gibt es kein Halten für ihn. Seine Freßlust bringt die Kinder der Klasse 1a in ganz schön brenzlige Situationen. Zwei witzige Text-Bild-Geschichten für Erstleser und Kinder, die gerade lesen lernen. Text und Bilder bilden eine Einheit und machen das Lesenlernen zum Vergnügen.

Mit vielen Bildern von Wendy Smith

Erika Klopp Verlag
Hohenzollernstraße 86 · D-80796 München

Erika Klopp Verlag

Für Kinder ab 8 Jahre

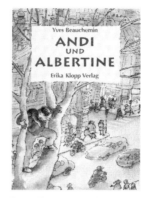

Klaus Kordon
Lütt Luftballon und die große Mitternachtsbeschwörung

Lütt möchte endlich wachsen – und versucht es sogar mit einer Beschwörung bei Vollmond...
Illustriert

Yves Beauchemin
Andi und Albertine

Andi staunt nicht schlecht, als ihm Albertine mitteilt, daß sie bei ihm einziehen möchte. Seit wann können Kanalratten sprechen?
Illustriert

Erika Klopp Verlag
Hohenzollernstraße 86 · D-80796 München

Erika Klopp Verlag

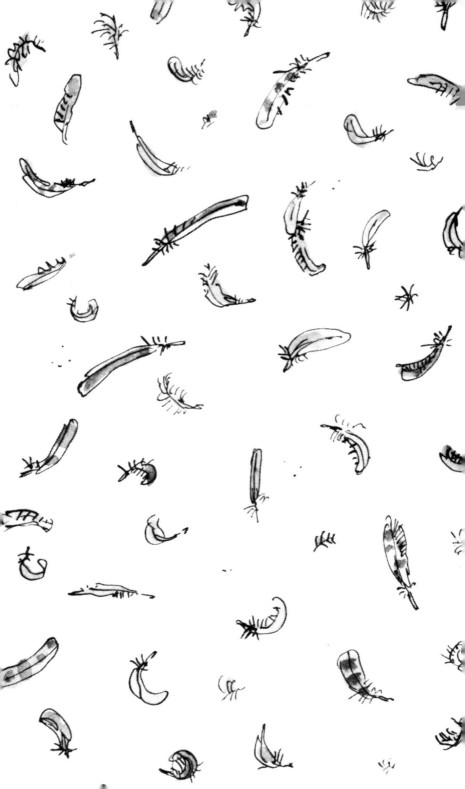